Where Fireflies Dance
Ahí, donde bailan las luciérnagas

Story by/Cuento de Lucha Corpi
Pictures by/Ilustraciones de Mira Reisberg

CHILDREN'S BOOK PRESS / LIBROS PARA NIÑOS
SAN FRANCISCO, CALIFORNIA

The moon hung low above the haunted house, making the white walls gleam in the night. Flickering fireflies danced in the night air. They were the bright spirits of travelers who had died long ago, my grandmother told us. At night, their lights showed us the way and kept us from danger.

"C'mon. I've been here before and I haven't seen a ghost yet," my brother Víctor said.

My heart began to beat faster. I'd never seen a ghost, and I was sure I didn't want to meet one, especially the ghost of Juan Sebastián, the revolutionary.

Sobre la casa encantada, la luna colgaba. Hacía brillar las blancas paredes. Parpadeantes, las luciérnagas danzaban al ritmo del viento nocturno. Eran los espíritus luminosos de viajeros muertos ya, mi abuela nos decía. Por la noche, sus luces alumbraban la senda y nos protegían del peligro.

—Anda —me dijo mi hermano Víctor—. Yo ya he estado aquí antes y nunca he visto un fantasma.

El corazón me empezó a latir fuerte. Yo nunca había visto ningún fantasma, y estaba segura que no quería encontrarme con uno, en especial el fantasma de Juan Sebastián, el revolucionario.

Long ago, Juan Sebastián had lived in that house in Jáltipan, the small tropical town in Mexico where Víctor and I grew up. People in our town swore that when the moon was full, they saw Juan Sebastián's ghost riding his horse down the main street. He was looking for his house, they said. When they saw kitchen fires suddenly flare up for no reason at all, they said it was the ghost of his mother cooking his supper. No one wanted to live there.

I was scared, but I followed my older brother into the haunted house.

Años atrás, Juan Sebastián había vivido en esa casa en Jáltipan, el pueblito tropical en México donde Víctor y yo también crecimos. La gente del pueblo juraba que en las noches de luna llena, veían el fantasma de Juan Sebastián galopar a caballo por la calle principal. Buscaba su casa, decían. Cuando en la cocina veían el fuego prenderse sin razón alguna, decían que era el fantasma de su madre que le cocinaba la cena. Nadie quería vivir ahí.

Yo tenía mucho miedo, pero seguí a mi hermano y entré a la casa encantada.

Moonlight trickled through the big holes in the roof. The wind sizzled as it moved through the old dry thatch. When I looked around, Víctor was gone. My legs were shaking, but I stood in place holding my breath. I breathed again when he came back a few moments later holding a lighted candle.

"This is Juan Sebastián, and this is General Zapata," he said. He held the candle up to an altar where two old photos stood side by side, next to a faded Mexican flag. In one of the photos, Juan Sebastián was playing a guitar and singing. I was happy he liked to sing because I liked singing too.

En la vieja casa, la luz de la luna escurría entre los huecos del techo. El viento hacía crepitar las hojas de palma seca. Cuando busqué a Víctor, no lo vi por ningún lado. Las piernas me temblaban y el aliento me faltaba, pero no me moví del sitio. Respiré con alivio cuando a los pocos minutos Víctor regresó con una vela encendida.

—Éste es Juan Sebastián, y éste otro es el General Zapata —me dijo. Alumbró un altar en el que vi dos fotos junto a una bandera mexicana desteñida. En una de los fotos, Juan Sebastián tocaba su guitarra. Me gustó saber que él cantaba porque a mí me gustaba cantar también.

Víctor and I looked at everything in the house. Then we looked at the moon through a big hole. That's when we heard it—the sound of music, loud and clear. Someone was singing.

"Juan Sebastián?" I asked aloud as I felt something brush against my arm. My skin felt like a thousand ants were crawling all over it. I shivered. But an instant later, I discovered it was only my brother's hand tugging on my sleeve.

"Let's go," he said.

Víctor y yo lo vimos todo en la casa. Después, vimos la luna asomarse por un gran hueco. Fue entonces que oímos la música de un cantar, recio y claro. Alguien cantaba una canción.

—¿Juan Sebastián? —pregunté en voz alta en lo que algo me rozó el brazo. Sentí como si en la piel mil hormigas me caminaran. Me puse a temblar. Pero al instante me di cuenta que era sólo la mano de mi hermano quien me jalaba la manga.

—Vámonos —me dijo Víctor.

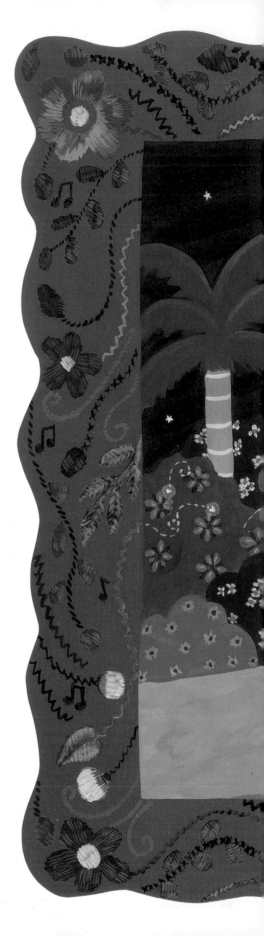

We ran out of the haunted house. We didn't even stop to watch the fireflies dancing in the moonlight. We followed the stream of music to the cantina *Cuatro Cañas*. My mother had told us never to go into that place. So we stood outside the swinging doors of the bar, listening. Our favorite song played three times in a row. Since we didn't hear the voice of the announcer, we knew the music wasn't coming from a radio.

Salimos corriendo de la casa encantada. Ni siquiera nos paramos a ver las luciérnagas bailar a la luz de la luna. Seguimos aquel río de música hasta la cantina *Cuatro Cañas*. Mi mamá nos había dicho que nunca entráramos a la cantina. Por eso, Víctor y yo, pegados a la pared, nos paramos afuerita de la puerta del bar, a escuchar. Nuestra canción favorita tocó tres veces seguidas. No oímos la voz del locutor. Así, nos dimos cuenta que la música no venía del radio.

Curious, Víctor and I peeked through the window. There it was, a big, brand-new music box. We had never seen anything like it before.

"Give me five twenty-cent coins for the jukebox," a man said to the bartender, handing him a peso bill. Then the man put the five coins into the box and pressed a button five times. The same song played five times, one right after the other.

"I like this music box," I said.

"It's a *jukebox*. That's what that man called it," my brother said. We watched and listened in awe.

Curiosos, Víctor y yo nos asomamos por una ventana. Adentro, había una rocola grande y nueva. Nunca antes habíamos visto cosa así.

—Dame cinco monedas de veinte para la rocola —le dijo un hombre al cantinero y le dio un peso. Después, el hombre metió las cinco monedas a la caja de música y apretó el mismo botón cinco veces. La misma canción tocó cinco veces seguidas.

—Me gusta esta caja de música —dije.

—Es una *rocola*. Así le llamó ese señor —mi hermano dijo. Lo vimos y oímos todo con gran asombro.

For the next few days, Víctor and I saved the twenty-cent coins my mother gave us for candy. Every evening after doing our homework, we went to the cantina *Cuatro Cañas*. We waited outside until we saw someone going into the bar. Then we gave him our coins and the names of the songs we wanted to hear. Outside the door, we listened and sang along to our hearts' content.

Por días y días, Víctor y yo guardamos las monedas de veinte que mi mamá nos daba para dulces. Por la tarde, después de hacer la tarea, íbamos a la cantina *Cuatro Cañas*. Esperábamos afuera a que alguien llegara al bar. Le dábamos nuestros veintes y el nombre de las canciones que queríamos oír. Afuerita de la puerta, nos sentábamos a escuchar y cantar con el corazón rebozado de contento.

One evening, rain came suddenly as it did many times in Jáltipan. We got wet, but we still went to the bar. We were so involved in the singing, we didn't see our mother until she was standing right in front of us. I gasped for breath.

"I told you never to come here. Look at you. You're all wet!" she said, more worried than angry. But we knew we were in trouble. For a week we were not to leave the house in the evening, she told us.

"Rules are rules," my father said when he talked to us about our musical adventure.

Una tarde de ésas, se vino la lluvia de repente, como solía suceder tantas veces en Jáltipan. Andábamos mojados, pero de todos modos fuimos a la cantina. Estábamos tan entretenidos en el canto que no vimos a mi mamá llegar hasta que estaba parada frente a nosotros. Yo me quedé sin aliento.

—Les dije que nunca vinieran a aquí. Miren nada más. ¡Están todos mojados! —nos dijo preocupada más que enojada. Nos habíamos metido en problemas. Nos prohibió salir de la casa por la noche durante una semana.

—Las reglas se obedecen —nos dijo mi papá cuando nos habló de nuestra aventura musical.

The following afternoon, Víctor and I sat on the steps leading down to the yard. A flock of parrots on their way home flew over our heads like a green flash. When shadows grew longer, we joined our grandmother in the kitchen for supper. Then she told us stories while she braided her hair beside the old wood stove. She told us funny stories and love stories. My grandmother had known Juan Sebastián and his family. So I asked her to tell us his story.

A la tarde siguiente, Víctor y yo nos sentamos en los escalones que llevaban al patio. Como un rayo de luz verde, una bandada de loros en camino a casa voló en lo alto. Cuando la sombra ya cubría el patio, fuimos a cenar con nuestra abuela. Después, ella nos contó muchos cuentos mientras que se trenzaba el cabello junto al fogón viejo. Nos contó cuentos chistosos y cuentos de amor. Mi abuela había conocido a Juan Sebastián y a su familia. Le pedí que nos contara su historia.

"In a night of the new moon, during the Mexican Revolution, Juan Sebastián left town to join the forces of Emiliano Zapata. General Zapata was in charge of the revolutionary army in southern Mexico. Juan Sebastián took a family photo with him. He left behind a note to his parents that said: 'Please forgive me. This is my destiny, to fight for land and liberty. I promise I'll be back—dead or alive.'

"But he never came back. Heartbroken, one day his mother died, then his father. Only the fireflies were left to light the way home for Juan Sebastián."

—Una noche de luna nueva, durante la Revolución Mexicana, Juan Sebastián se fue del pueblo para unirse a las fuerzas de Emiliano Zapata. El General Zapata estaba a cargo del ejército revolucionario en el sur de México. Juan Sebastián se llevó una foto de su familia. Detrás dejó una carta a sus padres que decía: "Perdónenme. Éste es mi destino, luchar por nuestra tierra y libertad. Pero volveré, vivo o muerto".

—Él nunca volvió. Su madre murió de tristeza un día, y al poco tiempo también su padre. Sólo las luciérnagas quedaron para iluminarle el camino a casa a Juan Sebastián.

What does destiny mean?" I asked my grandmother when she finished.

"Your destiny is doing what you were born to do," she told me. "Everyone has a destiny," she added, "but some people never find it."

I thought about what she said. Juan Sebastián died fighting so that the people of Mexico could have land and freedom. He found his destiny. I promised myself that I, too, would find mine some day.

—¿Qué es el destino? —le pregunté a mi abuela cuando terminó.

—Tu destino es hacer aquello para lo que naciste —me dijo—. Todos tenemos un destino —agregó—. Pero algunos nunca encuentran el suyo.

Pensé en lo que ella me dijo. Juan Sebastián murió luchando para que la gente de México tuviera tierra y libertad. Él encontró su destino. Me prometí a mí misma que yo también encontraría el mío algún día.

That night, Víctor and I were getting ready for bed when my father came home from work. We knew he was tired and hungry. But he didn't have his supper. Instead, he sat between my brother and me on the wicker sofa. He put his arms around us, then asked, "What are your favorite songs?"

We gave him the names of the songs we liked most. Then he began to sing them for us. He had a beautiful voice, and I closed my eyes to enjoy his singing better. I didn't sing along. Cuddled in his arms, I just listened until I drifted into sleep.

Esa noche, Víctor y yo estábamos listos para la cama cuando mi papá llegó del trabajo. Sabíamos que estaba cansado y con hambre. Pero no se fue a cenar. En lugar de eso, se sentó entre los dos en el sofá de mimbre. Nos recogió en sus brazos y preguntó—: ¿Cuáles son sus canciones favoritas?

Víctor y yo le dimos los nombres de las canciones que más nos gustaban. Entonces, se puso a cantarnos las canciones con su voz clara y bella. Y yo cerré los ojos para disfrutar mejor su canto. No canté con él. Acurrucada en sus brazos, sólo le escuché hasta que me fui quedando dormida.

*E*very night, my father sang to my brother and me. To the songs we liked, he added a few others he liked. He sang Mexican songs and Argentinian tangos. He sang Spanish ballads and *pasodobles* —bullfighting songs. He sang children's songs and songs of love. Then he sang a *corrido*, a ballad about Juan Sebastián, written by a songwriter in town. Every night, I fell asleep to the sound of my father's voice. I dreamed of fireflies dancing in the night, and I felt happy and safe.

*T*odas las noches, mi padre nos cantaba. A las canciones que nos gustaban, les agregaba sus favoritas. Nos cantaba canciones mexicanas y tangos argentinos, baladas españolas y pasodobles que se tocan en las corridas de toros, canciones infantiles y boleros románticos. Entonces nos cantaba "El corrido de Juan Sebastián", escrito por un compositor del pueblo. Todas las noches, me dormía al arrullo de su voz. En sueños veía las luciérnagas bailar en el aire de la noche y me sentía feliz y segura.

Over the years, I never forgot the story of Juan Sebastián. One day, like him, I also left town to find what I was born to do. Víctor stayed, perhaps because that was his destiny. I traveled north, carrying in me the memory of the fireflies dancing in the night air. I also took with me my family photos, my grandmother's stories, and my father's songs. One day I began to write stories, and I knew I had found my destiny.

A través de los años, nunca olvidé la historia de Juan Sebastián. Un buen día, como Juan Sebastián, también dejé mi pueblo en busca de mi destino. Víctor se quedó, tal vez porque ése era su destino. Me fui al norte, llevándome conmigo el recuerdo de las luciérnagas bailando en el aire de la noche. También me llevé mis fotos de familia, los cuentos de mi abuela y las canciones de mi padre. Y un buen día comencé a escribir cuentos y supe que había encontrado mi destino.

Now I live in California, far away from that small town where I learned about music and family love. Every night I sing to my young son, Arturo, and I tell him stories. Sometimes, in winter, I hear the murmur of the soft rain come suddenly in the night. I close my eyes. I see the old haunted house and the juke box in the cantina *Cuatro Cañas*. I hear my father's singing and my brother's laughter. I see my grandmother braiding her hair beside the old wood stove, telling us the story of Juan Sebastián. I watch the fireflies flicker and dance in the nights of my dreams.

Ahora vivo en California, lejos del pueblo en donde aprendí a cantar y a amar en familia. Por las noches, le canto a mi hijito Arturo y le cuento cuentos. A veces, en invierno, escucho el rumor de la lluvia que llega repentina por la noche. Cierro los ojos. Veo la vieja casa encantada y la rocola de la cantina *Cuatro Cañas*. Oigo la voz de mi padre y escucho la risa de mi hermano. Miro a mi abuela trenzarse el cabello junto al viejo fogón y la oigo contar la historia de Juan Sebastián. Veo las luciérnagas parpadear y bailar en las noches de mis sueños.

I consider myself quite fortunate, for I grew up in Jáltipan, Veracruz, a small town in tropical Mexico, among people who cherished music, poetry and storytelling. My father taught me to sing, my mother to thread poems like seashells on a string, and my brother Víctor to face my fears. From my grandmother I learned that nothing could be more important than finding what I was born to do, a search that brought me to Berkeley, California in 1964.

Where Fireflies Dance is that place where imagination and memory blend and take on new color and voice. It is my way of paying homage to my family and bestowing their legacy of culture and love on my son, Arturo, and my granddaughter, Kiara Alyssa.   —Lucha Corpi

Story copyright © 1997 by Lucha Corpi. All rights reserved.
Pictures copyright © 1997 by Mira Reisberg. All rights reserved.
Editor: Harriet Rohmer   Consulting Editor: Francisco X. Alarcón
Design and Production: Katherine Tillotson
Editorial/Production Assistant: Laura Atkins

Lucha Corpi is an award-winning poet and mystery writer. Her detective novel, *Eulogy for a Brown Angel*, was the winner of the Pen Oakland Josephine Miles Award. Lucha was born and raised in Mexico, and now lives and teaches in Oakland, California.

Mira Reisberg is a painter and the illustrator of four books for Children's Book Press, including the popular *Baby Rattlesnake* and *Uncle Nacho's Hat*, a Reading Rainbow selection. Mira teaches art to children and adults. She lives in San Francisco, California.

Thanks to the staff of Children's Book Press: Janet Levin, Emily Romero, Stephanie Sloan, and Christina Tarango.

Children's Book Press is a nonprofit publisher of multicultural and bilingual literature for children, supported in part by grants from the California Arts Council. Write us for a complimentary catalog: Children's Book Press, 2211 Mission Street, San Francisco, CA 94110. Visit us at: www.childrensbookpress.org

Distributed to the book trade by Publishers Group West.
Quantity discounts are available through the publisher for educational and nonprofit use.

I dedicate this book to Guy Geduldig with thanks for his love and support, and in honor of Robert Evans and Eva Garcia. I would like to thank my many talented friends: Theresa L'Esperance, Heidi Denton, Helene Vosters, Erica Olmsted, Mitch Myers, Dorothy and Speed Geduldig, Janice Plotkin, Anke Marie Lohr, Lucy Saaroni, Chance Lane, Armagh Cassil, Sallie Robbins, Leslie de Giere, Maria Pinedo and Mia Gonzalez, Melissa and Megan Moriarty, Beatriz Cortas, Rene Garcia and Cristina Rodriguez.   —Mira Reisberg

Library of Congress Cataloging-in-Publication Data
Corpi, Lucha, 1945-
Where fireflies dance / story by Lucha Corpi; illustrations by Mira Reisberg = Ahí, donde bailan las luciérnagas / cuento de Lucha Corpi; ilustraciones de Mira Reisberg.   p.   cm.
Summary: A girl and her brother spend their childhood in a small town on the Caribbean coast of Mexico.   ISBN 0-89239-177-4 (paperback)   [1. Brothers and sisters—Fiction.
2. Family life—Fiction. 3. Mexico—Fiction. 4. Spanish language materials—Bilingual.] I. Reisberg, Mira, ill. II. Title PZ73.C674 1997 [Fic]-dc20 96-29355 CIP AC

Printed in Singapore through Tien Wah Press
10   9   8   7   6   5   4   3   2   1